Impressum
Verlag: BABADADA GmbH, Nedderfeld 112 , 22529 Hamburg
Geschäftsführer / Verlagsleitung: Harald Hof
Druck: Books on Demand GmbH, In de Tarpen 42, 22848 Norderstedt

Imprint
Publisher: BABADADA GmbH, Nedderfeld 112 , 22529 Hamburg, Germany
Managing Director / Publishing direction: Harald Hof
Print: Books on Demand GmbH, In de Tarpen 42, 22848 Norderstedt

jiao shi
aula

chu
dividir

186/2

hei ban
pizarrón

xiao yuan
patio de escuela

lao shi
maestro

zhi
papel

shu xie
escribir

gang bi
birome

ban gong zhuo
escritorio

zhi chi
regla

shu
libro

xue sheng
alumno

shu bao

mochila

qian bi he

caja de lápices

qian bi

lápiz

juan bi dao

sacapuntas

xiang pi ca

goma (de borrar)

hua ban

bloc de dibujo

tu hua

dibujo

hua bi

pincel

yan liao he

caja de pinturas

jian dao

tijera

jiao shui

pegamento

lian xi ce

cuaderno de ejercicios

jia ting zuo ye

tarea

shu zi

número

jia

sumar

jian

restar

cheng

multiplicar

ji suan

calcular

zi mu

letra

zi mu biao

abecedario

zi

palabra

ke wen

texto

du

leer

fen bi

tiza

shang ke

lección

deng ji

cuaderno de clase

kao shi

examen

zheng shu

certificado

xiao fu

uniforme escolar

jiao yu

educación

bai ke quan shu

enciclopedia

da xue

universidad

xian wei jing

microscopio

di tu

mapa

fei zhi kuang

tacho (de basura)

jiu dian
hotel

qing nian lü xing she
hostel

wai bi dui huan chu
casa de cambio

shou ti xiang
valija

qi che
auto

yu yan
idioma

shi/fou
sí / no

hao de
Está bien

nin hao
hola

fan yi yuan
traductor

xie xie
Gracias

......duo shao qian?

¿cuánto cuesta...?

wo bu ming bai

No entiendo

wen ti

problema

wan shang hao!

¡Buenas tardes!

zao shang hao!

¡Buenos días!

wan an!

¡Buenas noches!

zai jian

adiós

fang xiang

dirección

xing li

equipaje

bao

bolso

shuang jian bao

mochila

ke ren

invitado

fang jian

habitación

shui dai

bolsa de dormir

zhang peng

carpa

lü you xin xi

información turística

hai tan

playa

xin yong ka

tarjeta de crédito

zao can

desayuno

wu can

almuerzo

wan can

cena

piao

pasaje

dian ti

ascensor

you piao

sello

bian jie

frontera

hai guan

aduana

da shi guan

embajada

qian zheng

visa

hu zhao

pasaporte

fei ji
avión

chuan
barco

xiao fang che
autobomba

ka che
camión

gong jiao che
colectivo

qi ting
lancha a motor

zi xing che
bicicleta

qi che
auto

bai du chuan

ferry

xiao chuan

bote

mo tuo che

moto

jing che

patrullero

sai che

auto de carreras

zu che

auto de alquiler

pin che

alquiler de autos

tuo che

grúa

la ji che

camión de basura

fa dong ji

motor

qi you

nafta

jia you zhan

estación de servicio

jiao tong biao zhi

señal de tránsito

jiao tong

tránsito

jiao tong du sai

embotellamiento

ting che chang

estacionamiento

huo che zhan

estación de tren

gui dao

vías

huo che

tren

dian che

tranvía

huo che

vagón

zhi sheng ji

helicóptero

ji chang

aeropuerto

ta

torre

cheng ke

pasajero

ji zhuang xiang

contenedor

zhi ban xiang

caja de cartón

shou tui che

carretilla

lan zi

canasta

qi fei/jiang luo

despegar / aterrizar

cheng shi

ciudad

cun zhuang

pueblo

shi zhong xin

centro de ciudad

fang zi

casa

dian ying yuan / cine

guang gao / publicidad

lu deng / farol

jie dao / calle

chu zu che / taxi

xiao chi dian / kiosco

xing ren / peatón

ren xing dao / vereda

ban ma xian / paso peatonal

la ji xiang / contenedor de basura

shi zi lu kou / cruce

hong lü deng / semáforo

xiao wu

cabaña

gong yu

departamento

huo che zhan

estación de tren

shi zheng ting

municipalidad

bo wu guan

museo

xue xiao

colegio

da xue

universidad

yin hang

banco

yi yuan

hospital

jiu dian

hotel

yao fang

farmacia

ban gong shi

oficina

shu dian

librería

shang dian

negocio

hua dian

florería

chao shi

supermercado

shi chang

mercado

bai huo shang dian

grandes tiendas

yu dian

pescadería

gou wu zhong xin

centro comercial

hai gang

puerto

gong yuan

parque

chang deng

banco

qiao

puente

lou ti

escaleras

di tie

subte

sui dao

túnel

gong jiao che zhan

parada del colectivo

jiu ba

bar

can guan

restaurante

you tong

buzón

lu biao

letrero

ting che ji shi qi

parquímetro

dong wu yuan

zoológico

you yong guan

pileta

qing zhen si

mezquita

nong chang

granja

wu ran

contaminación

mu di

cementerio

jiao tang

iglesia

cao chang

juegos infantiles

si miao

templo

di xing

paisaje

shu ye
hoja

zhi shi pai
poste indicador

lu
camino

cao di
pradera

shi tou
piedra

shu
árbol

tu bu lü xing zhe
excursionista

he
río

shu
árbol

cao
hierba

hua
flor

xia gu

valle

shan

montaña

hu

lago

sen lin

bosque

sha mo

desierto

huo shan

volcán

cheng bao

castillo

cai hong

arco iris

mo gu

champiñón

zong lü shu

palmera

wen zi

mosquito

cang ying

mosca

ma yi

hormiga

mi feng

abeja

zhi zhu

araña

jia chong

escarabajo

qing wa

rana

song shu

ardilla

ci wei

erizo

ye tu

liebre

mao tou ying

lechuza

niao

pájaro

tian e

cisne

ye zhu

jabalí

lu

ciervo

mi lu

alce

shui ba

presa

feng li fa dian ji

aerogenerador

tai yang neng dian chi ban

panel solar

qi hou

clima

fu wu yuan
mozo

cai dan
menú

yi zi
silla

tang
sopa

pi sa bing
pizza

can ju
cubiertos

zhuo bu
mantel

qian cai
entrada

zhu cai
plato principal

tian dian
postre

yin liao
bebidas

shi wu
comida

ping zi
botella

kuai can

comida rápida

jie bian xiao chi

comida callejera

cha hu

tetera

tang he

azucarera

yi fen fan cai

porción

yi shi ka fei ji

cafetera expreso

gao jiao yi

sillita alta

zhang dan

cuenta

tuo pan

bandeja

dao

cuchillo

can cha

tenedor

shao zi

cuchara

cha chi

cucharita

can jin

servilleta

bo li bei

vaso

die zi

plato

tang pan

plato hondo

die zi

plato

jiang

salsa

yan ping

salero

hu jiao mo

molinillo de pimienta

cu

vinagre

shi yong you

aceite

tiao wei liao

especias

fan qie jiang

kétchup

jie mo

mostaza

dan huang jiang

mayonesa

te jia
oferta especial

gu ke
cliente

ru zhi pin
lácteos

shui guo
fruta

gou wu che
changuito

rou pu

carnicería

mian bao fang

panadería

cheng zhong

pesar

shu cai

verduras

rou

carne

leng dong shi pin

alimentos congelados

leng pan

fiambres

guan tou shi pin

alimentos enlatados

xi yi fen

detergente en polvo

tian shi

golosinas

ri yong pin

electrodomésticos

qing jie yong pin

productos de limpieza

xiao shou yuan

vendedora

shou yin ji

caja

shou yin yuan

cajero

gou wu qing dan

lista de compras

kai fang shi jian

horario de atención

qian bao

billetera

xin yong ka

tarjeta de crédito

dai zi

cartera

su liao dai

bolsa de plástico

chao shi - supermercado

shui

agua

guo zhi

jugo

niu nai

leche

ke le

bebida cola

hong jiu

vino

pi jiu

cerveza

jiu

alcohol

ke ke

cacao

cha

té

ka fei

café

yi shi nong suo ka fei

café expreso

ka bu qi nuo

cappuccino

xiang jiao

banana

ping guo

manzana

cheng zi

naranja

xi gua

melón

ning meng

limón

hu luo bo

zanahoria

da suan

ajo

zhu zi

bambú

yang cong

cebolla

mo gu

champiñón

jian guo

nueces

mian tiao

fideos

yi da li mian tiao

tallarines

mi fan

arroz

sha la

ensalada

shu tiao

papas fritas

zha tu dou

papas fritas

pi sa bing

pizza

han bao bao

hamburguesa

san ming zhi

sándwich

zha zhu pai

churrasco

huo tui

jamón

sa la mi

salame

xiang chang

salchicha

ji rou

pollo

kao rou

asado

yu

pescado

yan mai pian

copos de avena

mu zi li

muesli

yu mi pian

copos de maíz

mian fen

harina

yang jiao mian bao

medialuna

mian bao juan

pancito

mian bao

pan

kao mian bao

tostada

bing gan

galletitas

huang you

manteca

ning ru

cuajada

dan gao

torta

dan

huevo

jian dan

huevo frito

nai lao

queso

bing ji lin

helado

tang

azúcar

feng mi

miel

guo jiang

mermelada

qiao ke li jiang

pasta de chocolate

ga li fan

curry

nong she
granja

dao cao kun
fardo de paja

liang cang
granero

tian ye
campo

ma
caballo

tuo che
remolque

ma ju
potrillo

tuo la ji
tractor

lü
burro

gao yang
cordero

yang
oveja

shan yang

cabra

nai niu

vaca

niu du

ternero

zhu

cerdo

xiao zhu

lechón

gong niu

toro

e

ganso

ya

pato

xiao ji

pollo

mu ji

gallina

gong ji

gallo

shu

rata

mao

gato

lao shu

ratón

niu

buey

gou

perro

gou wu

cucha

hua yuan jiao shui ruan guan

manguera

sa shui hu

regadera

chang bing da lian dao

guadaña

li

arado

lian dao

hoz

chu tou

azada

chang bing cao pa

horquilla

fu tou

hacha

du lun shou tui che

carretilla

si liao cao

abrevadero

niu nai guan

lechera

ma bu dai

bolsa

zha lan

reja

ma jiu

establo

wen shi

invernadero

tu rang

suelo

zhong zi

semilla

fei liao

fertilizador

lian he shou ge ji

cosechadora

shou ge

cosechar

shou ge

cosecha

shan yao

batatas

xiao mai

trigo

da dou

soja

tu dou

papa

yu mi

maíz

you cai zi

semilla de colza

guo shu

árbol frutal

shu shu

mandioca

gu wu

cereales

yan cong
chimenea

wu ding
techo

luo shui guan
caño de desagüe

chuang hu
ventana

che ku
garaje

men ling
timbre

men
puerta

la ji tong
tacho de basura

xin xiang
buzón

hua yuan
jardín

ke ting

living

yu shi

baño

chu fang

cocina

wo shi

dormitorio

er tong fang

cuarto de los chicos

can ting

comedor

di ban

piso

qiang bi

pared

diao ding

cielorraso

di jiao

sótano

sang na

sauna

yang tai

balcón

lu tai

terraza

you yong chi

pileta

ge cao ji

cortadora de pasto

bei dan

sábana

chuang zhao

acolchado

chuang

cama

sao zhou

escoba

shui tong

balde

kai guan

interruptor

bi zhi
empapelado

zhao pian
imagen

tai deng
lámpara

ge jia
estante

chu gui
armario

dian shi ji
televisión

bi lu
chimenea

hua
flor

dian zi
almohadón

sha fa
sofá

hua ping
florero

yao kong qi
control remoto

di tan
alfombra

chuang lian
cortina

can zhuo
mesa

yi zi
silla

yao yi
mecedora

fu shou yi
sillón

shu

libro

tan zi

frazada

zhuang shi pin

decoración

mu chai

leña

dian ying

película

gao bao zhen yin xiang

equipo de música

yao shi

llave

bao zhi

diario

you hua

pintura

hai bao

póster

shou yin ji

radio

bi ji ben

cuaderno

xi chen qi

aspiradora

xian ren zhang

cactus

la zhu

vela

bing xiang
heladera

wei bo lu
microondas

chu fang cheng
balanza de cocina

kao mian bao ji
tostadora

xi jie jing
detergente

kao xiang
horno

bing gui
freezer

la ji tong
tacho de basura

xi wan ji
lavaplatos

chui ju

cocina

guo

olla

zhu tie guo

olla de hierro fundido

sha guo

wok

ping di guo

sartén

shui hu

pava

zheng guo

vaporera

kao pan

bandeja de horno

tao ci guo

vajilla

ma ke bei

taza

wan

bol

kuai zi

palitos

chang bing shao

cucharón

chan zi

estpátula

jiao ban qi

batidora

lü wang

colador

shai zi

colador

mo sui ji

rallador

yan bo

mortero

shao kao

parrilla

ming huo

fogata

cai ban

tabla de picar

gan mian zhang

palo de amasar

kai ping qi

sacacorchos

guan zi

lata

kai ping qi

abrelatas

ge re shou tao

manopla

shui cao

pileta

shua zi

cepillo

hai mian

esponja

jiao ban ji

batidora

leng cang xiang

congelador

nai ping

mamadera

shui long tou

canilla

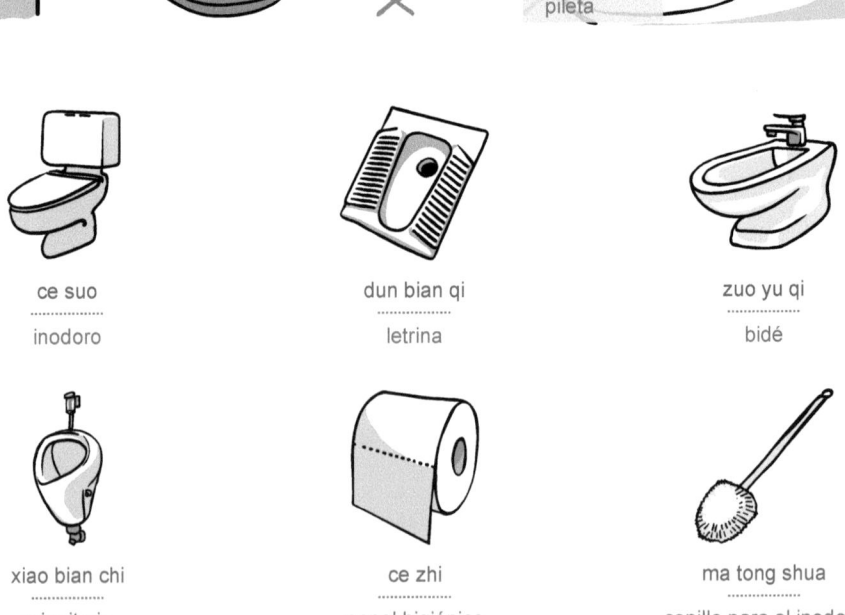

gong nuan she bei
calefacción

lin yu
ducha

mao jin
toalla

yu lian
cortina de ducha

pao mo yu
baño de espuma

yu gang
bañadera

bo li bei
vaso

xi yi ji
lavarropas

ci zhuan
baldosas

shui long tou
canilla

bian hu
pelela

shui cao
pileta

ce suo
inodoro

dun bian qi
letrina

zuo yu qi
bidé

xiao bian chi
mingitorio

ce zhi
papel higiénico

ma tong shua
cepillo para el inodoro

ya shua

cepillo de dientes

ya gao

dentífrico

ya xian

hilo dental

xi

lavar

shou chi shi pen lin tou

ducha de mano

chong xi qi

ducha higiénica

xi lian pen

palangana

ca bei shua

cepillo para espalda

fei zao

jabón

mu yu lu

gel de ducha

xi fa shui

shampoo

fa lan rong

toallita

pai shui

desagüe

ru shuang

crema

chu chou ji

desodorante

jing zi

espejo

shou jing

espejito

ti xu dao

maquinita de afeitar

ti xu pao mo

espuma de afeitar

xu hou shui

aftershave

shu zi

peine

shua zi

cepillo

chui feng ji

secador de pelo

pen fa ding xing ji

spray

hua zhuang pin

maquillaje

chun gao

lápiz de labios

zhi jia you

esmalte para uñas

hua zhuang mian

algodón

zhi jia jian

tijera para uñas

xiang shui

perfume

xi shu bao

portacosméticos

deng zi

banqueta

ji zhong cheng

balanza

yu pao

bata

xiang jiao shou tao

guantes de goma

wei sheng mian tiao

tampón

wei sheng jin

toallita femenina

hua xue ce suo

baño químico

nao zhong
despertador

mao rong wan ju
peluche

wan ju che
coche de juguete

bo lang gu
sonajero

wan ju wu
casa de muñecas

li wu
regalo

qi qiu

globo

chuang

cama

(yang wa wa yong)ying er
che

cochecito

pu ke pai

cartas

pin tu

rompecabezas

man hua

historieta

le gao ji mu

piezas de lego

ji mu wan ju

ladrillos de juguete

wan ju ren

figura de acción

ying er fu

enterito (de bebé)

fei pan

frisbee

chuang ling wan ju

móvil para bebés

qi pan you xi

juego de mesa

shai zi

dados

huo che mo xing

tren eléctrico

an fu nai zui

chupete

ju hui

fiesta

hui ben

libro de cuentos ilustrado

qiu

pelota

yang wa wa

muñeca

wan

jugar

sha keng

arenero

qiu qian

hamaca

wan ju

juguetes

you xi ji

consola de videojuegos

san lun che

triciclo

tai di xiong

osito de peluche

yi chu

armario

yi fu

ropa

wa zi

medias

chang wa

medias panty

jin shen ku

calzas

wei jin
bufanda

yu san
paraguas

T xu
remera

pi dai
cinturón

xue zi
botas

tuo xie
pantuflas

yun dong xie
zapatillas

liang xie	xie	yu xue
sandalias	zapatos	botas de goma

nei ku	xiong zhao	bei xin
ropa interior	corpiño	chaleco

shen ti

body

ku zi

pantalones

niu zai ku

jeans

duan qun

pollera

nü shi chen shan

blusa

chen shan

camisa

tao tou shan

pulóver

wei yi

buzo

xi zhuang jia ke

blazer

jia ke

campera

wai tao

tapado

yu yi

piloto

tao zhuang

traje

lian yi qun

vestido

hun sha

vestido de novia

xi zhuang

traje

shui pao

camisón

shui yi

pijama

sha li

sari

tou jin

pañuelo para cabeza

bao tou jin

turbante

bo ka

burka

ka fu tan

caftán

(a la bo shi)chang pao

abaya

yong yi

traje de baño

nan shi yong ku

short de baño

duan ku

shorts

yun dong fu

jogging

wei qun

delantal

shou tao

guantes

niu kou

botón

yan jing

anteojos

shou lian

pulsera

xiang lian

collar

jie zhi

anillo

er huan

aro

bian mao

gorra

yi jia

percha

mao zi

sombrero

ling dai

corbata

la lian

cierre

tou kui

casco

bei dai

tiradores

xiao fu

uniforme escolar

zhi fu

uniforme

wei dou

babero

an fu nai zui

chupete

niao bu shi

pañal

ban gong shi
oficina

fu wu qi
servidor

wen jian gui
archivero

da yin ji
impresora

zhi
papel

xian shi ping
monitor

ban gong zhuo
escritorio

shu biao
mouse

wen jian jia
carpeta

jian pan
teclado

fei zhi kuang
tacho (de basura)

dian nao
computadora

yi zi
silla

ka fei bei

taza de café

ji suan qi

calculadora

yin te wang

internet

bi ji ben dian nao

laptop

xin jian

carta

xiao xi

mensaje

shou ji

celular

wang luo

red

fu yin ji

fotocopiadora

ruan jian

software

dian hua

teléfono

cha zuo

tomacorriente

chuan zhen ji

fax

biao ge

formulario

wen jian

documento

ban gong shi - oficina

mai

comprar

fu qian

pagar

jiao yi

hacer negocios

xian jin

dinero

USD

mei yuan

dólar

EUR

ou yuan

euro

JPY

ri yuan

yen

RUB

lu bu

rublo

CHF

rui shi fa lang

franco suizo

CNY

ren min bi

yuan

INR

lu bi

rupia

ti kuan chu

cajero automático

wai bi dui huan chu

casa de cambio

jin

oro

yin

plata

shi you

petróleo

neng yuan

energía

jia ge

precio

he tong

contrato

shui jin

impuesto

gu piao

acción

gong zuo

trabajar

zhi yuan

empleado

lao ban

empleador

gong chang

fábrica

shang dian

negocio

jing guan
policía

xiao fang yuan
bombero

chu shi
cocinero

yi sheng
médico

fei xing yuan
piloto

yuan ding

jardinero

mu jiang

carpintero

cai feng

modista

fa guan

juez

hua xue jia

farmacéutico

yan yuan

actor

gong jiao che si ji

colectivero

chu zu che si ji

taxista

yu fu

pescador

qing jie nü gong

mucama

wu ding gong

techista

fu wu yuan

mozo

lie ren

cazador

hua jia

pintor

mian bao shi

panadero

dian gong

electricista

jian zhu gong ren

albañil

gong cheng shi

ingeniero

tu fu

carnicero

shui guan gong

plomero

you di yuan

cartero

shi bing

soldado

jian zhu shi

arquitecto

shou yin yuan

cajero

hua nong

florista

li fa shi

peluquero

shou piao yuan

cobrador

ji xie shi

mecánico

chuan zhang

capitán

ya yi

dentista

ke xue jia

científico

la bi

rabino

yi ma mu

imán

he shang

monje

mu shi

sacerdote

tie chui
martillo

qian zi
tenaza

luo si dao
destornillador

ban shou
llave

shou dian tong
linterna

wa jue ji

excavadora

gong ju xiang

caja de herramientas

ti zi

escalera portátil

ju zi

sierra

ding zi

clavos

zuan ji

taladro

xiu

arreglar

chan zi

pala de jardín

kao!

¡Qué bronca!

bo ji

pala de plástico

you qi tong

tacho de pintura

luo si

tornillos

yue qi

instrumentos musicales

di yin ti qin
contrabajo

da ji yue qi
batería

yang sheng qi
parlante

ji ta
guitarra

xiao hao
trompeta

gang qin

piano

xiao ti qin

violín

bei si

bajo

ding yin gu

timbales

gu

tambor

dian zi qin

teclado

sa ke si guan

saxofón

chang di

flauta

mai ke feng

micrófono

ru kou
entrada

lao hu
tigre

long zi
jaula

ban ma
cebra

dong wu si liao
alimento para animales

xiong mao
oso panda

dong wu

animales

da xiang

elefante

dai shu

canguro

xi niu

rinoceronte

da xing xing

gorila

xiong

oso

luo tuo

camello

tuo niao

avestruz

shi zi

león

hou zi

mono

huo lie niao

flamenco

ying wu

loro

bei ji xiong

oso polar

qi e

pingüino

sha yu

tiburón

kong que

pavo real

she

serpiente

e yu

cocodrilo

dong wu yuan guan li yuan

cuidador del zoológico

hai bao

foca

mei zhou bao

jaguar

ai zhong ma

poni

bao

leopardo

he ma

hipopótamo

chang jing lu

jirafa

lao ying

águila

ye zhu

jabalí

yu

pescado

gui

tortuga

hai xiang

morsa

hu li

zorro

ling yang

gacela

gan lan qiu
fútbol americano

qi zi xing che
ciclismo

wang qiu
tenis

lan qiu
básquet

you yong
natación

quan ji
boxeo

bing qiu
hockey sobre hielo

ying shi zu qiu

fútbol

yu mao qiu

bádminton

tian jing

atletismo

shou qiu

handball

hua xue

esquí

ma qiu

polo

tiao
saltar

yong bao
abrazar

xiao
reír

zou lu
caminar

chang
cantar

zuo meng
soñar

qi dao
rezar

qin wen
besar

shu xie

escribir

hua

dibujar

zhan shi

mostrar

tui

presionar

gei

dar

na

tomar

you

tener

zuo

hacer

dang

ser

zhan

estar parado

pao

correr

la

tirar

reng

tirar

shuai dao

caer

tang

estar acostado

deng dai

esperar

xie dai

llevar

zuo

estar sentado

chuan yi

vestirse

shui jiao

dormir

xing lai

despertar

kan

mirar

ku

llorar

fu mo

acariciar

shu tou

peinar

jiao tan

hablar

ming bai

entender

wen

preguntar

ting

escuchar

he

beber

chi

comer

qing li

ordenar

ai

amar

zuo fan

cocinar

kai che

manejar

fei

volar

hang xing

navegar

ji suan

calcular

du

leer

xue xi

aprender

gong zuo

trabajar

jie hun

casarse

feng

coser

shua ya

cepillarse los dientes

sha

matar

chou yan

fumar

ji

enviar

zu mu
abuela

zu fu
abuelo

fu qin
padre

mu qin
madre

ying tong
bebé

nü er
hija

er zi
hijo

ke ren

invitado

a yi

tía

shu shu

tío

xiong di

hermano

jie mei

hermana

qian e
frente

yan jing
ojo

jian bang
hombro

shou zhi
dedo

lian
cara

xia ba
pera

shou
mano

ru fang
pecho

tui
pierna

shou bi
brazo

ying tong

bebé

nan ren

hombre

nü ren

mujer

nü hai

nena

nan hai

nene

tou

cabeza

bei bu

espalda

du zi

panza

du qi

ombligo

jiao zhi

dedo del pie

jiao hou gen

talón

gu tou

hueso

tun bu

cadera

xi gai

rodilla

shou zhou

codo

bi zi

nariz

pi gu

cola

pi fu

piel

lian jia

cachete

er duo

oreja

zui chun

labio

zui

boca

ya chi

diente

she tou

lengua

nao

cerebro

xin zang

corazón

ji rou

músculo

fei

pulmón

gan zang

hígado

wei

estómago

shen zang

riñones

xing jiao

sexo

bi yun tao

preservativo

luan zi

óvulo

jing zi

semen

huai yun

embarazo

yue jing

menstruación

yin dao

vagina

yin jing

pene

mei mao

ceja

tou fa

pelo

bo zi

cuello

yi yuan
hospital

jiu hu che
ambulancia

lun yi
silla de ruedas

gu zhe
fractura

yi sheng

médico

ji zhen shi

sala de guardia

hu shi

enfermera

jin ji qing kuang

emergencia

hun mi

inconsciente

tong

dolor

shou shang

lesión

chu xue

hemorragia

xin zang bing fa zuo

infarto

zhong feng

ACV

guo min

alergia

ke sou

tos

fa shao

fiebre

liu gan

gripe

fu xie

diarrea

tou tong

dolor de cabeza

ai zheng

cáncer

tang niao bing

diabetes

wai ke yi sheng

cirujano

shou shu dao

bisturí

shou shu

operación

CT

TC

X guang

rayos x

chao sheng bo

ecografía

kou zhao

barbijo

ji bing

enfermedad

hou zhen shi

sala de espera

guai zhang

muleta

shi gao

curita

beng dai

venda

zhu she

inyección

ting zhen qi

estetoscopio

dan jia

camilla

ti wen ji

termómetro

chu sheng

nacimiento

chao zhong

sobrepeso

zhu ting qi

audífono

xiao du ye

desinfectante

gan ran

infección

bing du

virus

ai zi bing

VIH / SIDA

yao wu

remedio

jie zhong yi miao

vacunación

yao pian

comprimidos

yao wan

pastilla anticonceptiva

ji jiu dian hua

llamada de emergencia

xue ya ji

tensiómetro

sheng bing/jian kang

enfermo / sano

jiu ming!

¡Ayuda!

jing bao

alarma

tu ji

agresión

gong ji

ataque

wei xian

peligro

jin ji chu kou

salida de emergencia

zhao huo la!

¡Fuego!

mie huo qi

matafuego

yi wai

accidente

ji jiu xiang

botiquín de primeros
auxilios

hu jiu xin hao

SOS

jing cha

policía

ou zhou

Europa

bei mei zhou

América del Norte

nan mei zhou

América del Sur

fei zhou

África

ya zhou

Asia

ao zhou

Australia

da xi yang

Atlántico

tai ping yang

Pacífico

yin du yang

Océano Índico

nan bing yang

Océano Antártico

bei bing yang

Océano Ártico

bei ji

polo norte

nan ji

polo sur

nan ji zhou

Antártida

di qiu

Tierra

lu di

tierra

hai

mar

dao

isla

guo jia

nación

guo jia

estado

zhong mian

esfera

shi zhen

manecilla de las horas

fen zhen

minutero

miao zhen

segundero

xian zai ji dian?

¿Qué hora es?

tian

día

shi jian

hora

xian zai

ahora

dian zi biao

reloj digital

fen

minuto

shi

hora

zhou yi
lunes

zhou san
miércoles

zhou wu
viernes

zhou er
martes

zhou liu
sábado

zhou si
jueves

zhou ri
domingo

zuo tian

ayer

jin tian

hoy

ming tian

mañana

zao chen

mañana

zhong wu

mediodía

wan shang

tarde

gong zuo ri

días hábiles

zhou mo

fin de semana

yu
lluvia

cai hong
arco iris

xue
nieve

feng
viento

chun
primavera

xia
verano

qiu
otoño

dong
invierno

tian qi yu bao

pronóstico meteorológico

wen du ji

termómetro

yang guang

luz del sol

yun

nube

wu

niebla

chao shi

humedad

shan dian

rayo

da lei

trueno

feng bao

tormenta

bing bao

granizo

ji feng

monzón

hong shui

inundación

bing

hielo

yi yue

enero

er yue

febrero

san yue

marzo

si yue

abril

wu yue

mayo

liu yue

junio

qi yue

julio

ba yue

agosto

jiu yue

septiembre

shi yue

octubre

shi yi yue

noviembre

shi er yue

diciembre

xing zhuang
formas

yuan xing

círculo

zheng fang xing

cuadrado

chang fang xing

rectángulo

san jiao xing

triángulo

qiu ti

esfera

li fang ti

cubo

colores

bai

blanco

huang

amarillo

cheng

naranja

fen

rosa

hong

rojo

zi

violeta

lan

azul

lü

verde

zong

marrón

hui

gris

hei

negro

hen duo/shao xu

mucho / poco

sheng qi/ping jing

enojado / tranquilo

mei/chou

lindo / feo

shou/wei

principio / fin

da/xiao

grande / chico

ming/an

claro / oscuro

xiong di/jie mei

hermano / hermana

gan jing/ang zang

limpio / sucio

wan zheng/que shi

completo / incompleto

bai tian/wan shang

día / noche

si/sheng

muerto / vivo

kuan/zhai

ancho / angosto

ke shi yong/fei shi yong

comestible / no comestible

xie e/shan liang

malo / amable

xing fen/wu liao

entusiasmado / aburrido

pang/shou

gordo / flaco

di yi/zui hou

primero / último

peng you/di ren

amigo / enemigo

man/kong

lleno / vacío

ying/ruan

duro / blando

zhong/qing

pesado / liviano

e/ke

hambre / sed

sheng bing/jian kang

enfermo / sano

fei fa/he fa

ilegal / legal

cong ming/yu ben

inteligente / estúpido

zuo/you

izquierda / derecha

jin/yuan

cerca / lejos

xin/jiu

nuevo / usado

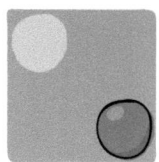

mei you/you xie

nada / algo

lao/you

viejo / joven

kai/guan

encendido / apagado

da kai/he shang

abierto / cerrado

an jing/chao nao

silencioso / ruidoso

fu/qiong

rico / pobre

dui/cuo

correcto / incorrecto

cu cao/guang hua

áspero / suave

shang xin/gao xing

triste / contento

duan/chang

corto / largo

man/kuai

lento / rápido

shi/gan

mojado / seco

wen nuan/liang shuang

caliente / frío

zhan zheng/he ping

guerra / paz

0

ling

cero

1

yi

uno

2

er

dos

3

san

tres

4

si

cuatro

5

wu

cinco

6

liu

seis

7

qi

siete

8

ba

ocho

9

jiu

nueve

10

shi

diez

11

shi yi

once

12

shi er

doce

13

shi san

trece

14

shi si

catorce

15

shi wu

quince

16

shi liu

dieciséis

17

shi qi

diecisiete

18

shi ba

dieciocho

19

shi jiu

diecinueve

20

er shi

veinte

100

bai

cien

1.000

qian

mil

1.000.000

bai wan

millón

ying yu

inglés

mei shi ying yu

inglés americano

pu tong hua

chino mandarín

yin di yu

hindi

xi ban ya yu

español

fa yu

francés

a la bo yu

árabe

e yu

ruso

pu tao ya yu

portugués

feng jia la yu

bengalí

de yu

alemán

ri yu

japonés

wo
yo

ni
vos

ta/ta/ta
él / ella

wo men
nosotros

ni men
ustedes

ta men
ellos

shei?
¿quién?

shen me?
¿qué?

zen yang?
¿cómo?

na li?
¿dónde?

shen me shi hou?
¿cuándo?

ming zi
nombre

hou mian

detrás

li mian

en

qian mian

adelante de

shang fang

por encima de

shang mian

sobre

xia mian

debajo de

pang bian

al lado de

zhong jian

entre

di dian

lugar